BEI GRIN MACHT SICH IHR WISSEN BEZAHLT

- Wir veröffentlichen Ihre Hausarbeit, Bachelor- und Masterarbeit

- Ihr eigenes eBook und Buch - weltweit in allen wichtigen Shops

- Verdienen Sie an jedem Verkauf

Jetzt bei www.GRIN.com hochladen und kostenlos publizieren

Bibliografische Information der Deutschen Nationalbibliothek:

Die Deutsche Bibliothek verzeichnet diese Publikation in der Deutschen National-bibliografie; detaillierte bibliografische Daten sind im Internet über http://dnb.d-nb.de/ abrufbar.

Impressum:

Copyright © 2009 GRIN Verlag, Open Publishing GmbH
Druck und Bindung: Books on Demand GmbH, Norderstedt Germany
ISBN: 9783656926344

Dieses Buch bei GRIN:

http://www.grin.com/de/e-book/148099/marktuebersicht-ueber-business-intelligence-anbieter-die-sich-fuer-kleine

Claas Michelsen

Marktübersicht über Business Intelligence-Anbieter, die sich für kleine und mittelständische Unternehmen eignen

GRIN Verlag

GRIN - Your knowledge has value

Der GRIN Verlag publiziert seit 1998 wissenschaftliche Arbeiten von Studenten, Hochschullehrern und anderen Akademikern als eBook und gedrucktes Buch. Die Verlagswebsite www.grin.com ist die ideale Plattform zur Veröffentlichung von Hausarbeiten, Abschlussarbeiten, wissenschaftlichen Aufsätzen, Dissertationen und Fachbüchern.

Besuchen Sie uns im Internet:

http://www.grin.com/

http://www.facebook.com/grincom

http://www.twitter.com/grin_com

Referat zum Modul BIN01 – Business Intelligence

Thema:

Marktübersicht über Business Intelligence-Anbieter, die sich für kleine und mittelständische Unternehmen eignen.

Referat an den AKAD-Hochschulen im Rahmen des Aufbaustudiengangs Wirtschaftsinformatik.

Claas Michelsen

Hamburg, den 04.10.2009

Inhaltsverzeichnis Seite

1. Einleitung

Während der Bedarf nach schneller Informationsgewinnung in Unternehmen seit jeher vorhanden ist, beschränkte sich diese zunächst auf statische Berichte, die aus operativen Systemen gewonnen wurden. Die Aufbereitung und Analyse solcher Daten war sehr zeitintensiv und uneffektiv. Als folge dieser negativen Konsequenzen, wurde die Entwicklung von funktionsorientierten, zentralen Datenbanken forciert. Die damit verbundene Reduzierung der hohen Kosten des statischen Berichtswesens, macht Business Intelligence-Lösungen auch für kleine und mittelständische Unternehmen zunehmend attraktiv.[1]

1.1 Methodisches Vorgehen

Im Rahmen des Moduls BIN01 „Business Intelligence" ist von den Studierenden ein Referat anzufertigen. Der Verfasser der vorliegenden Arbeit hat die Aufgabe gewählt, eine Marktübersicht über Business Intelligence-Anbieter zu erarbeiten, die sich für kleine und mittelständische Unternehmen eignen.

Nach der Einleitung werden im zweiten Kapitel zunächst theoretische Grundlagen im Zusammenhang mit dem Thema Business Intelligence erklärt und dann im dritten Kapitel eine Marktübersicht erstellt. Die Arbeit schließt im vierten Kapitel mit einer kurzen Zusammenfassung.

1.2 Ziel der Arbeit

Ziel der Arbeit ist es, einen Marktüberblick über Anbieter von Business Intelligence-Lösungen, die sich für kleine und mittelständische Unternehmen eignen, zu erarbeiten und die Ergebnisse am Ende der Arbeit zusammenzufassen.

---

[1] Vgl. Hanning, Uwe: Knowledge Management und Business Intelligence. Springer-Verlag, Berlin/Heidelberg 2002, Seite 281.

2. Business Intelligence (BI)

2.1 Begriffsdefinition

Der Begriff Business Intelligence ist seit Jahren am Markt etabliert und trotzdem gehen die Vorstellungen über entsprechende Inhalte weit auseinander. Auch unter Experten gibt es keine einheitliche Aussage zum diesem Begriff. Die Begriffsdefinition kann aber etwas vereinfacht werden, wenn man die wesentlichen Aspekte des Business Intelligence betrachtet:[2]

- Entscheidungsorientierung,
- Datensammlung,
- Datenaufbereitung,
- Informationsdarstellung,
- geschäftsrelevante Informationen.

Business Intelligence kann daher als „die entscheidungsorientierte Sammlung, Aufbereitung und Darstellung geschäftsrelevanter Informationen"[3] definiert werden.

Business Intelligence-Lösungen lassen sich nur unternehmensindividuell konkretisieren. Trotzdem konnte sich eine Modellarchitektur bzw. eine Framework etablieren, auf Basis dessen unternehmensspezifische Architekturen abgeleitet werden können. Das Framework besteht aus folgenden Ebenen:[4]

- Datenbereitstellung,
- Datenmodellierung,
- Informationsgenerierung und –zugriff.

---

[2] Vgl. Schrödl, Holger: Business Intelligence – Mit Microsoft SQL-Server 2005. Carl Hanser Verlag, München/Wien 2005, Seite 12-13.

[3] Aus: Schrödl, Holger: Business Intelligence – Mit Microsoft SQL-Server 2005. Carl Hanser Verlag, München/Wien 2005, Seite 12.

[4] Vgl. Seufert, Andreas/Lehmann, Peter: Business Intelligence. Musterfallstudie: Wissensmanagement und Business Intelligence – Gestaltung und Einsatz in einem konkreten Fall. AKAD. Die Privathochschulen, o. O. 2006, Seite 17-18.

2.2 Ziele von Business Intelligence

Als übergeordnetes Ziel von Business Intelligence kann die effiziente Gestaltung von Arbeitsprozessen und die Vorbereitung fundierter Entscheidungen definiert werden. Damit einher gehen eine qualitative Verbesserung der Arbeitsergebnisse im operativen und strategischen Management.[5] Die Feinziele von BI-Lösungen sind hingegen unternehmensindividuell.

BI-Lösungen, als Produktionsfaktor genutzt, müssen darüber hinaus auch Kriterien der Wirtschaftlichkeit erfüllen. Da sich bei Business Intelligence-Systemen hauptsächlich qualitative Nutzeneffekte finden, gestaltet sich die Beurteilung der Wirtschaftlichkeit hier schwierig. Um brauchbare Aussagen über die Wirtschaftlichkeit treffen zu können, sollten daher Verfahren angewendet werden, die eine Abschätzung sowohl der quantitativen, als auch der qualitativen Effekte vornehmen können.[6]

---

[5] Vgl. Gluchowski, Peter u. a.: Management Support Systeme und Business Intelligence – Computergestützte Informationssysteme für Fach- und Führungskräfte, 2. Auflage. Springer-Verlag, Berlin/Heidelberg 2008, Seite 351.

[6] Vgl. Gluchowski, Peter u. a.: Management Support Systeme und Business Intelligence – Computergestützte Informationssysteme für Fach- und Führungskräfte, 2. Auflage. Springer-Verlag, Berlin/Heidelberg 2008, Seite 351-352.

3. Business Intelligence-Anbieter für kleine und mittelständische Unternehmen

3.1 Marktentwicklung

Wie bereits in der Einleitung erwähnt, werden Business Intelligence-Lösungen zunehmend auch für kleine und mittelständische Unternehmen attraktiv. Hiervon profitieren im Umkehrschluss auch die entsprechenden Software-Anbieter.

Der Gesamtmarkt für BI-Lösungen zeigt, gegen den allgemeinen Trend der Software-Branche, ein gesundes Wachstum. Laut „Lünendonk-Studie" sahen bereits im Jahre 2005 84 Prozent der Anbieter den Wachstumspfad des BI-Software-Marktes im Bereich zwischen 5 bis 20 Prozent jährlich bis 2010, wobei der Schwerpunkt der Abnehmer mit 47,5 Prozent in den Marktsektoren Industrie sowie Banken und Versicherungen lag.[7]

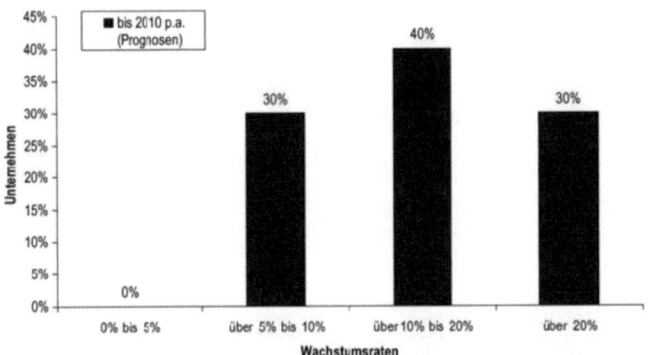

Abb. 1: Umsatzprognosen der führenden Anbieter von BI-Standard-Software für die Jahre 2005-2010.[8]

---

[7] Vgl. o. V.: Gesunde Marktentwicklung im Bereich Business Intelligence, In: ISIS Medien, Nomina GmbH, München 2005, Seite 1-2.

[8] Aus: o. V.: Gesunde Marktentwicklung im Bereich Business Intelligence, In: ISIS Medien, Nomina GmbH, München 2005, Seite 2. Quelle: Lünendonk-Studie „Führende Anbieter von Business Intelligence-Standard-Software in Deutschland", 2005.

3.2 Anbieter

Obwohl Business Intelligence-Lösungen als größere Investitionen für große Unternehmen gelten, drängen seit mehreren Jahren immer mehr Anbieter für kleine und mittelständische Unternehmen auf den Markt.[9] Im Folgenden werden die Lösungen der größeren Anbieter vorgestellt.

3.2.1 Microsoft

Mit „Microsoft Reporting und Analysis Services" bietet Microsoft eine Business Intelligence Lösung für den Mittelstand. Die Lösung bietet Datenpräsentation und Reporting, umfassende Analyse-Funktionen, schnellen Zugriff auf große Datenmengen sowie umfangreiche Funktionalitäten in der Microsoft Standard-Software.[10]

3.2.2 SAP

Mit „SAP BusinessObjects Edge" bietet SAP eine umfassende und leistungsstarke Business Intelligence-Lösung für den Mittelstand. Das Produkt enthält Funktionen für unterschiedliche BI-Anforderungen: flexible Ad-hoc-Abfragen und -Analysen, Dashboards und Visualisierungen, Datenintegration sowie vorkonfigurierte Data Mart-Lösungen. Zur Auswahl stehen SAP BusinessObjects Edge Standard, SAP BusinessObjects Edge mit Datenintegration sowie SAP BusinessObjects Edge mit Datenmanagement.[11]

3.2.3 Oracle

Das BI-System „Business Intelligence Standard Edition One" von Oracle ist auf die Bedürfnisse mittelständischer Unternehmen ausgerichtet. Als Komplettlösung ist dies für fünf bis fünfzig Anwender konzipiert. Umfassende Funktionen wie interaktive Dashboards, Ad-hoch

---

[9] Vgl. Schmidt-Thieme, Lars: Information Systems 1, Universität Hildesheim, Hildesheim 2007, Chart 10.

[10] Vgl. www.sp-integration.de: Microsoft Reporting und Analysis Services. Abruf am 03.10.2009, 14:28 Uhr.

[11] Vgl. http://www.sap.com/germany/solutions/sapbusinessobjects/sme/edgeseries/index.epx, Abruf am 03.10.2009, 14:55 Uhr.

Analysen, proaktive Intelligenz und Hinweise sowie erweitertes Reporting und Publishing, mobile und prädiktive Analysen sind in der Lösung enthalten.[12]

3.2.4 IBM

Die Cognos-Produkte von IBM bieten Business Intelligence-Lösungen sowohl für größere, als auch für kleine und mittelständische Unternehmen. In den Produkten für mittelständische Unternehmen sind die Funktionen Reporting, Analysis, Planning, Budgeting und Foercasting sowie Dashboards und Scorecards enthalten.[13]

3.2.5 SAS

Mit dem Produkt „SAS Business Intelligence – Edition M" hat SAS eine maßgeschneiderte BI-Lösung für den Mittelstand auf den Markt gebracht. Die Lösung ist Modular aufgebaut und kann daher bei wachsenden Anforderungen erweitert werden. Die Edition M besteht aus einer Datenintegrationskomponente, einem Add-in zur Integration in Microsoft-Office-Produkte, einer dynamischen Desktopoberfläche und einem Web Report Studio.[14]

3.2.6 Open Source-Anbieter

Neben den kommerziellen Anbietern, haben sich auch einige OpenSource-Anbieter, wie beispielsweise Pentaho, JasperSoft, BEE, Openi und SpagoBI am Markt etabliert, die Lösungen für kleine und mittelständische Unternehmen anbieten.[15]

---

[12] Vgl. http://www.oracle.com/global/de/mittelstand/oracle_angebote/business_intelligence.html, Abruf am 03.10.2009, 15:15 Uhr.

[13] Vgl. http://www-01.ibm.com/software/data/cognos/solutions/small-medium-business/, Abruf am 03.10.09, 15:40 Uhr.

[14] Vgl. o.V.: SAS Business Intelligence - Edition M Fact Sheet, SAS Institute GmbH, Heidelberg 2008, Seite 1-2.

[15] Vgl. Schmidt-Thieme, Lars: Information Systems 1, Universität Hildesheim, Hildesheim 2007, Chart 10.

4. Zusammenfassung

Business Intelligence ist im Mittelstand angekommen, denn das Problem schlechter Informationsversorgung existiert in Unternehmen aller Größen. Eine Marktforschungsstudie über Business Intelligence im Mittelstand zeigt, dass 49 Prozent der befragten Unternehmen eine entsprechende Software einsetzen und weitere 40 Prozent die Anschaffung von BI-Software planen.[16]

Die Abkehr von der Erstellung statischer Berichte aus operativen Systemen und die damit verbundene Konzentration auf funktionsorientierte, zentrale Datenbanken ebneten den Weg der BI-Anwendungen für den Mittelstand.

Kommerzielle Anbieter wie SAP, Microsoft oder Oracle, haben sich genauso im Markt etabliert, wie einige OpenSource-Anbieter.

---

[16] Vgl. o. V.: Business Intelligence etabliert sich im Mittelstand. In: BARC-Guide Business Intelligence o. O. 2007/2008, Seite 1.

Abbildungsverzeichnis   Seite

Quellenverzeichnis

Literatur

Gluchowski, Peter u.a.:   Management Support Systeme und Business Intelligence – Computergestützte Informationssysteme für Fach- und Führungskräfte, 2. Auflage. Springer-Verlag, Berlin/Heidelberg 2008.

Hanning, Uwe: Knowledge Management und Business Intelligence. Springer-Verlag, Berlin/Heidelberg 2002.

Schrödl, Holger: Business Intelligence – Mit Microsoft SQL-Server 2005. Carl Hanser Verlag, München/Wien 2005.

Seufert, Andreas;
Lehmann, Peter: Business Intelligence. Musterfallstudie: Wissensmanage-ment und Business Intelligence – Gestaltung und Einsatz in einem konkreten Fall. AKAD. Die Privathochschulen, o.O. 2006.

Artikel und Sammelwerke

o. V.:   Business Intelligence etabliert sich im Mittelstand. In: BARC-Guide Business Intelligence, o. O. 2007/2008.

o. V.:   Gesunde Marktentwicklung im Bereich Business Intelli-gence, In: ISIS Medien, Nomina GmbH, München 2005.

o. V.:   SAS Business Intelligence - Edition M Fact Sheet, SAS Institute GmbH, Heidelberg 2008.

Schmidt-Thieme, Lars: Information Systems 1, Universität Hildesheim, Hildesheim 2007.

Internet-Recherche

http://www-01.ibm.com/software/data/cognos/solutions/small-medium-business/.
Abruf am 03.10.09, 15:40 Uhr.

http://www.oracle.com/global/de/mittelstand/oracle_angebote/business_intelligence.html.
Abruf am 03.10.2009, 15:15 Uhr.

http://www.sap.com/germany/solutions/sapbusinessobjects/sme/edgeseries/index.ep.
Abruf am 03.10.2009, 14:55 Uhr.

http://www.sp-integration.de: Microsoft Reporting und Analysis Services.
Abruf am 03.10.2009, 14:28 Uhr.